Recueil de la diuersité

des habits, qui sont de present en vsage,
tant es pays d'Europe. Asie, Affrique
& Isle s sauuages, I e tout fait
aptes le naturel.

A PARIS.

De L'imprimerie de Richard Breton, Rue
S.Iaques, à l'Escreuisse, d'argent. 1567.
Auec priuilege du Roy.

Epiſtre au Lecteur, Sur la diuerſité dés habits, côtenus en ce preſent liure:

SY tu veux voir de Femmes Filles,
    & d'Hommes.
Pluſieurs pourtraits, le geſte, & veſte-
    ment,
Au naturel, en ce temps ou nous
    ſommes,
Pour receuoir d'eſprit côtentement,
Ly en ce liure affectueuſement,
Et tô regard deſſus ces pourtrais râge
Tu cognoiſtras les habits clairement
Qui les humains ſont l'vn de l'autre
    eſtrange.

A tresilluftre Prince

Henry de Nauarre, Françoys deferpz
fon treshumble, & trefobeyffant
feruiteur, Salut, & felicité
perpetuelle.

Vous eftes deuemet

aduerty par la leçon des Liures
(Prince trefilluftre)que noz premiers pe-
res eftoyét veftus de fueilles & de peaux,
pour couurir la nudité de leur corps feu-
lement:mais peu à peu,croiffant auec l'àa-
ge, la malice des hommes, on à changé
ces habits premiers en plufieurs & diuerfes manieres, Ce qui eft aduenu tant par
necefsité que par curiofité des humains,
comme il fe voit que es pays Septentrio-
naux les habitans font contraints de fe
veftir d'habits fourréz,ou groffes mantes,
& au pays Meridional fót nudz,ou veftuz
à la legere,comme cela fe peut verifier par
les Sauuages, & Brefiliens, mefmes en ces
pays, lors que le Soleil eft prochain du

Cancer, & quant à la necefsité de fe deffendre ou affaillir, cela a contraint ceux de tel exercice de farmer, mailler, ou prendre collet de buffe. Ce feroit peu de chofe de cela, mais la curiofité furmontant la necefsité à engendré vne fi grande difference d'habits, tant au fexe mafculin, que femenin, que telle façon eftrange à mis tout homme en admiration, confiderant les modes diuerfes dont font veftus les hommes de ce fiecle. Or quant a la diuerfité, felon mon iugement, la differéce des religions en a engendré vne partie, & la curiofité des perfonnes, & la diftance des pays, vne autre partie, plus l'arrogance & prefumption ont acheué ce roolle, ainfi que le pouuez mieux confiderer, que ie ne le puis declarer, fans en faire vn lóg difcours. A cefte caufe (Monfeigneur) i'ay fait ce Recueil contenant la diuerfité des habits qui font à prefent en vfage, tár en Europe, Afie, Affrique, que es Ifles des Sauuages, & Barbares, ayant fuiuy quelque deffein du defunct Roberual,

Capitaine pour le Roy , & d'vn certain
Portugais ayant frequenté plufieurs & di-
uers pays, femblablemét de ceux que no⁹
voyons iournellement à l'œil, duquel recueil i'ay bien ofé vous faire humble prefent, non fous autre efperance finon de
vous faire perpetuel feruice, toutesfois
(Monfeigneur) ie me fuis perfuadé que
vous ne trouuerez pas bon que i'aye pris
peine ou plaifir à faire chofe edificatiue:
Mais i'efpere que vous receuerez quelque
contentement d'y voir la mobilité de noz
vieux predecefleurs, & qu'ilz ont efté plus
curieux de fumptueufe vefture que de rare
vertu, ce qui fe peut cognoiftre en ce que
plufieurs font fort honorez pour la multi-
tude & fumptuofité de leurs veftemens, &
toutefois font vuy des de vertu & faine có-
fcience. Et femble qu'ilz foyent de la race
des Pontifes Pharifiens, ou de ce mauuais
Riche mentionné en faint Luc, qui eftoit
veftu de pourpre & de foye, & ce pendant
le pauure Lazare mourut de faim à fa porte .   C'eft exemple (dy-ie) nous peut

feruir de retrencher toute excefsiue veſture, qui attire l'homme à orgueil : car tout
ainſi qu'on cognoiſt le Moyne au froc, le
Fol au chaperon, & le Soldat aux armes,
ainſi ſe cognoiſt l'hôme ſage à l'habit non
excefsif. Ie n'entens toutefois meſpriſer
les habits excellés de ceux qui ſont dignes
de les porter, pour decorer leur preroga-
tiue & magnificence, ne les pierreries, &
ioyaux precieux dônez du Createur, pour
recreer le cueur de ſes creatures : mais ie
deſire que nul n'y attache ſon affection,
ains en la vraye pierre angulaire, à ſçauoir
IESVS CHRIST, ſur laquelle eſt fon-
dée la vraye Egliſe de Dieu, & qu'elle ſoit
enrichie d'or, & fin eſmail, c'eſt à dire de
viue foy ouurante par charité en IESVS
CHRIST noſtre Sauueur vnique,
Lequel ie prie affectueuſemét vous main-
tenir & côſeruer en longue côualeſcence,
& proſperité.

Le Cheualier.

Quant vous verrez vn si riche Collier
Porter à l'hóme, ou blame ne peut mordre,
Pensez que c'est vn Cheualier de l'ordre,
Ayant du Roy vn don tant singulier,

Le Gentilhomme.

Il est certain que le braue Françoys,
A la Reistre, il s'est du tout vestu,
Si en habit mobile tu le voys,
Il est constant en parolle & vertu.

La Damoyselle.

Telles on voit Françoyses damoyselles,
En leur maintien gracieuses & belles,
Leur entretien à tous est agreable,
Et pleine sont de grace incomparable.

Le Venitien.

Soyez certains que les Veniciens,
(Qui font Seigneurs, nobles & anciens,)
Alors qu'ilz vont au Palays, font veſtus
Comme voyez, & font pleins de vertus.

Le President.

Voy cest habit, sans pompe n'y exces
C'est la vesture des graues Presidens,
Qui sont commis à iuger les Proces,
De par le Roy, en sa court residens.

Le Courtisan.

Le Courtisan françoys, au temps qui court
Est braue ainsi qu'en voyez la figure,
A mainte Dame il sçait faire la Court,
Car d'eloquence il entend la mesure.

L'italienne.

Voyez icy la femme d'Italie,
Côme elle est viue en ce present pourtrait
De sa façon fort plaisante & iolye,
A son amour les hommes elle attrait.

La bourgeoiſe de paris

Féme on ne voit plus belle, & plus courtoiſe,
Se monſtrant chaſte auec ſon veſtement,
Que dans Paris, ou eſt mainte bourgeoyſe,
Telle qu'elle eſt painte icy viuement.

Le Bourgeoys.

Tu peux voir cy le vray Parisien,
Sa mode honneste estant en sa vesture,
Son parler est subtil, & a moyen
De trafiquer, c'est sa propre nature.

Le vieil Bourgeoys.

Si tu veux voir le vieil bourgeois de France,
Le sien habit, son port & grauité,
Ce pourtrait cy, t'en fait la demonstrance,
Peu curieux est de nouuelleté.

Lartiſan Françoys.

C'eſt l'artiſan veſtu de bonne cape,
Aymant labeur, àfin qu'il ſ'en nourrice,
Oyſiueté par trauail il eſchape,
Pource que c'eſt de tous maux la nourrice.

Le Docteur.

Voicy l'habit que porte le Docteur
Faisant le graue, ainsi qu'il est notoire,
Luy se disant de la foy protecteur,
D'ou viét cela qu'on ne le veut plus croire?

Le laboureur.

Le Laboureur à touſiours ſon courage
De trauailler au monde terrien,
Il n'eſt oyſif, mais de ſon labourage,
Souuét nourry ſont ceux qui ne font rien.

Le soldat Françoys.

Le vray Soldat françoys icy se monstre
Prest pour combatre, ou pour faire brauades,
Mais quelque fois il remet a la monstre
Son hoste, ou bien le paye en bastonnades.

Le laquais.

Voy ce Lacquais leger comme le vent,
Pour bien courir il n'à la couleur fade,
Argent en bource il n'à le plus souuent,
Parquoy son hoste est payé en gambade.

La ruſtique françoyſe

Regardez bien (Lecteurs) la con tenance
De ceſte femme, en ce pourtrait antique,
Touſiours ainſi on voit parmy la France,
Eſtre veſtue vne femme ruſtique.

La Picarde.

Voy ceste femme auec son Bauolet,
C'est la Picarde esueillée & honeste,
Son parler plait, son maintien n'est pas laid
Mais bien souuent elle à mauuaise teste.

L'espousée de France

L'espousée est coiffée, aussi vestue
Comme voyez, quant elle prent mary,
A demonstrer sa beauté s'esuertue,
En ce iour là, n'ayant le cueur marry.

Le dueil.

Voicy l'habit accouſtumé au dueil,
Noir de couleur cóme ſoñt les tenebres,
Quád par ſouſpirs, auecques larmes d'œil,
Pour les defunctz on fait pópes funebres.

Le Champenoys.

S'il est ainsi que rien tu ne cognois
En ceste forme, & figure presente,
Voicy le vray habit d'vn Champenoys,
Qui a tes yeux viuement se presente.

La ruſtique de Brece.

Sy n'à eſté en la Brece iamais,
(Par ce pourtrait naturel & antique,)
Tu pourras bien cognoiſtre deſormais,
Le vray habit d'vne Brece ruſtique,

La Brebanſonne.

La Brebanſonne eſt icy compaſſée,
Par ce pourtrait au naif compoſé,
Son veſtement à la queue trouſſée,
Et ſa coiffure eſt de linge empeſé.

La Fille Flamende.

Qui fille belle & freche voir demande,
Et habillee en habit vſité,
Doit contempler ceſte fille Flamende,
En ceſt habit viuement limité.

La damoisele flaméde

Pour ce pourtrait vous faire mieux entédre,
Si vous n'allez voir le pays de Flandre,
Asseurez vous que nobles Damoyselles
En ce lieu là, portent vestures telles.

La fille Holandoise.

Sur ce pourtrait, si ton œil s'esuertue
En contemplant ceste fille au maintien,
Sans en Holande aller, pour certain tien
Que tout ainsi la fille y est vestue.

La Holandoise.

La Holandoise on peut certainement
Bien recognoistre en icelle figure,
Son habit est plissé mignonnement,
Blanche & polye elle est de sa nature.

L'angloyſe.

Ainſi veſtue eſt vne femme Angloiſe,
Par le deſſus ſon bonnet eſt fourré,
On la cognoiſt (bié qu'aux lieux on ne voiſe)
Facilement à ſon bonnet carré.

La Romaine.

Il ne faut pas qu'à Rome on se pourmaine
Pour voir le port, le geste & grauité.
D'vne prudente & antique Romaine,
Ce pourtrait cy, en tien la verité.

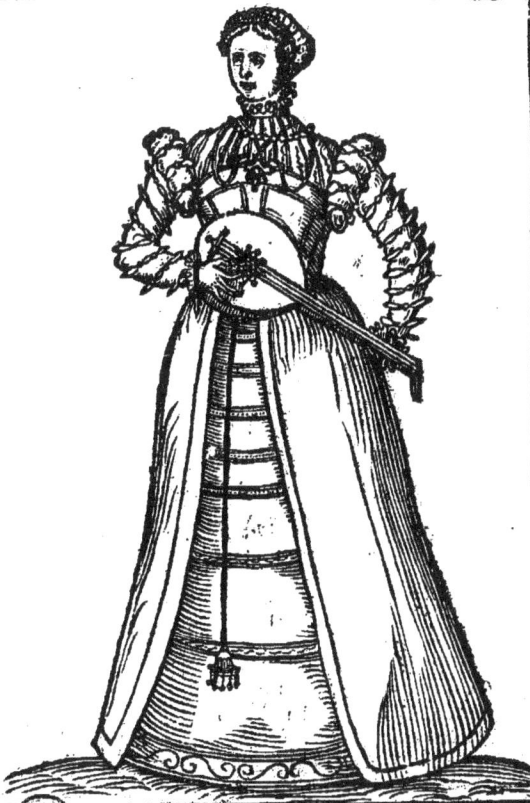

La Lyonnoise.

Quand vous verrez la braue Lyonnoise
Veftue ainfi au plus pres de voz yeux,
Mieux vaut l'aymer que prédre à Lyon noife,
Pource qu'il eft cruel & furieux.

La Goueſtre.

Voyez cómét ceſte femme eſt ſemblable,
En groſſe gorge à l'homme proprement,
Quoy que ce ſoit vne choſe admirable.
Ce pourtrait cy ne ment aucunement.

Le Gouestre.

Si as esté au pays de Piedmont,
Par ce pourtrait tu pourras recognoistre,
Qu'en y allant & trauersant les Monts
Tu as peu voir de semblable Gouestre.

Le Prouençal.

Qui n'à esté en la chaude Prouence,
Pour voir l'habit, & aussi la vesture,
A contempler ce pourtrait cy sauance,
Au naturel en verras la figure.

Le pollognoys.

Si ce pourtrait icy tu ne cognoys,
Au chapperon fourré, grand à merueilles,
Tu cognoistras que c'est vn pollognoys,
Craignant le vent qui le frappe aux aureilles.

L'escossois.

Il faut Lecteur que tout certain tu sois,
Quant tu verras ce pourtrait de tes yeux,
Que c'est l'habit que porte L'escossois,
Qui n'est pas trop mondain ne curieux.

Le Pollognoys.

Si ce pourtrait icy tu ne cognoys,
Au chapperon fourré(chaud à merueilles)
Tu cognoiſtras que c'eſt vn Pollognoys,
Craignát le vent qui le frappe aux oreilles.

L'eſcoſſoys.

Il fault, Lecteur, que tout certain tu ſois,
Quant tu verras ce pourtrait de tes yeux,
Que c'eſt l'habit que porte l'Eſcoſſois,
Qui n'eſt par trop mondain ne curieux.

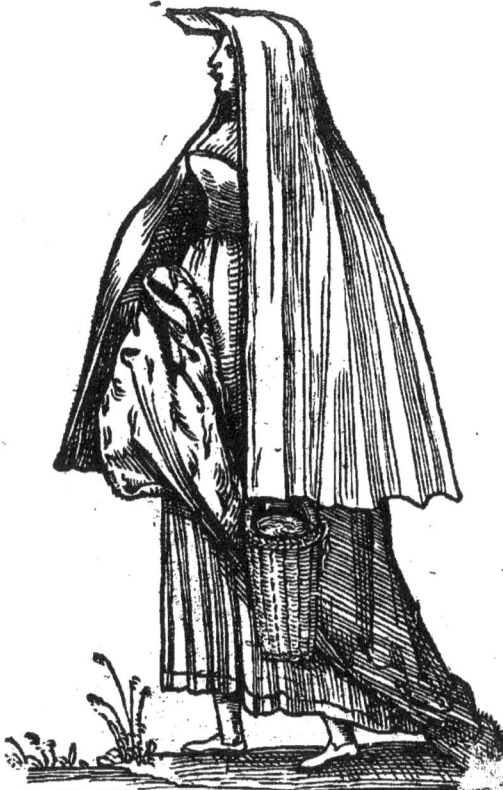

L'escossoyse.

Si vous baissez l'œil dessus ce pourtrait,
Pour bien sçauoir d'Escossoise la forme,
Cestuy cy est au naturel conforme,
Comme voyez qu'au vif il est pourtrait.

La ſauuage d'Eſcoſſe.

Si tu mets l'œil deſſus ceſte figure
A celle fin que certain tu en ſoys,
C'eſt la ſauuage au pays Eſcoſſoys,
De peaux veſtue encontre la froidure.

Le capitaine Sauuage.

Vous pourrez voir entre les Escossoys,
Tel Capitaine faisant là leur seiours,
Qui souuent font nuysance aux Angloys,
Peu de profit leur fait faire maints tours.

Le Flament.

Si du Flamend veux ſçauoir la veſture,
Sa courte robe, & ſa maniere auſsi,
Tu le verras par ceſte pourtraiture,
Changer d'habit ce n'eſt point ſon ſoucy.

La Flamende.

Aù vif tiree est ceste pourtraiture,
D'vne Flamende ainsi expressement,
Si sur les lieux vous n'allez: sa vesture
Est peincte icy labourieusement,

Le Prieur.

Pourtrait est cy, vn gros & gras prieur
Vestu d'habits, qui luy sont fort ydoine,
De les changer il n'est point curieux,
Car c'est souuent l'habit qui fait le moyne.

Le Prieur.

Pourtrait est cy de Prieur en
bon point
il n'a pas froid par faute de
vesture
et endurer la faim il ne
veut point
car il ne peut endurer
la froidure

Le chartreux.

Voicy l'habit pourtrait au
naturel
dont est vestu le trop riche
chartreux
qui d'amasser un grand bien
temporel
sçait des moyen faisant le
marmiteux

Les chanoines

        m'est seulement
          au moine
fort bien nourry, bien couché, bien vêtu,

mais ainsi aisé ~~et~~ est ~~trop~~ riché
          chanoine

garny d'habits & non pas
          de vertu.

Le chartreu̐.

Le chanoine

Le Chartreux.

Voicy l'habit pourtrait au naturel
Dont est vestu le Chartreux solitaire,
Qui a acquis de grand bien temporel
De noz parens, dont ilz se conuient taire.

Le Chanoyne,

Quand le Chanoine veut aller au Móſtier
Pour aſsiſter à ſon diuin ſeruice,
De tel habit il ſe veſt voluntier,
Qui en yuer luy eſt chault & propice.

Le Moyne.

Ce pourtrait cy que voyez, vous deliure,
Du moyne au vif, ayant en main son liure,
Si d'auenture il n'ayme la vertu,
Pour recompense il est ainsi vestu.

Le vieil pere de village

Ce vieil patron & pere de village
N'est pas enclin de ses habits changer,
Mieux aimeroit auoir de gras potage,
Et son lict faict pour mollement coucher.

Le dueil de village.

Voyla comment se vest la villageoise,
Portant le dueil en cest accoustrement:
Et en plorât fait plus grand bruit & noise,
Que ne font prestres communement.

La damoiselle en dueil

En France ainſi ſe veſt la Damoiſelle,
Pour ſes parens en ſepulture mis,
Et fait ſon dueil par vn naturel zele,
Quant elle a fait perte de ſes amis.

Le dueil de Flandre.

En Flandre ont les femmes apris
Faire dueil en commun vsage,
Ainsi qu'au vif nous le voyons compris
Par le pourtraict de la presente image.

Le Zelandois.

Si tu es meu d'vne nouuelle cure,
De contempler & sçauoir la parure,
Accoustumee à l'homme Zelandois,
En ce pourtrait contempler tu la doys.

La Zelandoise.

La Zelandoise en ce pourtrait icy,
(Ou tu la vois estre exprimée ainsi)
Peut à chacun monstrer apertement,
Quelle façon est en son vestement.

L'euefque de mer.

La terre n'a euefques feulement,
Qui font par bule en grád hóneur & tiltre,
L'euefque croist en mer femblablement,
Ne parlát point, çóbien qu'il porte mitre.

Le moyne de la mer.

La Mer poissons en abondance aport.
Par don diuin, que deuons estimer :
Mais fort estrange est le Moyne de Mer
Qui est ainsi que ce pourtrait le port.

Le singe debout.

Pres Le peau par effect Le voit on,
Dieu à donné au Singe telle forme,
Vestu de ionc, s'apuyant d'vn baton,
Estant debout chose aux hommes conforme.

Le moyne de la mer

La Mer poiſſons en abondance aporte
Par don diuin, que deuons eſtimer:
Mais fort eſtrange eſt le moyne de mer,
Qui eſt ainſi que ce pourtrait le porte.

Le singe debout.

Pres le Peru par effect le voit-on,
Dieu a donné au Singe telle forme,
Vestu de ionc, s'apuiant d'vn baston,
Estant debout chose aux hómes cóforme.

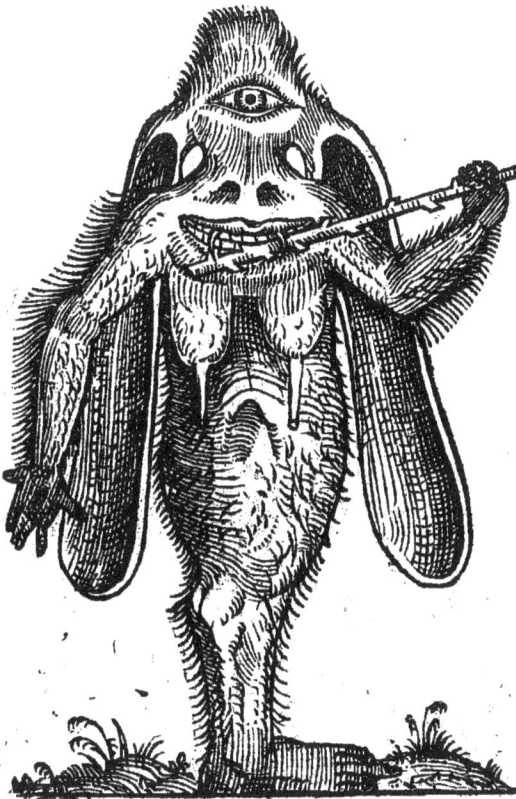

Le Ciclope.

De Polipheme & des Siclopiens,
Font mention poetes anciens:
On dit encor que ce lignage dure,
Auec vn œil selon ceste figure.

Le gentilhóme ſuiſſe.

Si vous voulez eſtre tant curieux,
D'vn peu baiſſer ſur ce pourtrait voz yeux
Certainement vn chacun verra comme,
En Suiſſe eſt veſtu vn gentilhomme.

La Damoyselle.

Telles on voit Françoyses damoyselles
En leur maintien gracieuses & belles,
Leur entretien à tous est agreable,
Et pleine sont de grace inconparable.

Le Venitien,

Soyez certains que les Veniciens,
(Qui sont Seigneurs, nobles & anciens,)
Alors qu'ilz vont au Palays, sont vestus
Comme voyez, & sont pleins de vertus.

La damoiselle suisse.

Pour vous mõstrer l'habit que Damoiselle
Ont en Suisse, il vous conuient sçauoir
Qu'en vestement elles sont toutes telles
Qu'en ce pourtrait on peut aperceuoir.

Le lanſquenet.

Le Láſquenet iour en iour ſaccommode,
A l'entretient de ceſte vieille mode,
De ſon naif & propre habillement,
Et ſans iamais vſer de changement.

La lansquenette.

Croize cōnuitu La Lansquenette auſſi,
Tenir ce geſte, et telle eſt ſa veſture,
Comme chacun le peut cognoiſtre icy,
par le regard de ceſte pourtraiture.

L'alemande.

L'habit est tel de La femme Alemande
et point ne change ainsi que nous souuent
Car le françois nouueaux habit demande
en Les muant ainsi comme Le deuu.

La lanſquenette.

Croire conuient la Lanſquenette auſsi
Tenir ce geſte, & telle eſt ſa veſture,
Comme chacun le peut cognoiſtre icy,
Par le regard de ceſte pourtraiture.

L'alemande.

L'habit est tel de la femme Alemande,
Et point ne change ainsi que nous souuét,
Car le François nouueaux habits demáde,
En les muant ainsi comme le vent.

Le bourgeois allemãt.

De cest habit voyez l'inuention
C'est du bourgeoys Allemant la vesture,
Qui comme aucuns n'en fait mutation,
Diuersité aymans de leur nature.

Le Suyſſe.

Voicy l'habit & geſte de Suyſſe,
Puiſſant & fort, ainſi que dés long temps,
Les Roys de France en ont tiré ſeruice,
En Court & guerre, auec deſirs contens.

La Suyſſe.

Regardez bien de ceſt habillemẽt,
Toute la forme & façon comme elle eſt
Car en Suyſſe ainſi certainement,
Chacune femme ainſi'touſiours ſe veſt.

La haute Allemande.

Si d'auenture on vous demande
Que represente ceste figure,
C'est vne vraye haute Allemande,
Pourtraite au vif, selon nature.

La fille Allemande.

Quant vous verrez cheuelure ainſi grãd
Pendre du chef, comme icy la voyez,
C'eſt pour certain vne fille Allemand,
Veſtue ainſi, de ce ſeur en ſoyez,

Le Hongre.

Si ne voulez eſtre trop curieux
De cheminer iuſques aux propres lieux,
Pour du chemin fuir la faſcherie,
Ainſi ſe veſt l'homme de Hongrie.

La dame de hongrie.

Chacune Dame habitant en Hongrie,
Qui a l'honneur de grande Seigneurie,
porte tousiours vn tel accoustrement,
Qu'il est icy depaint fort proprement.

La mosquouide.

La mosquouide ainsi comme i'ay Leu,
o Vest ainsi a S' vne bonne grace,
yant en teste Vn gros chpeau velu,
ovtant patins qui sont faetz à glace.

La dame de Hongrie

Chacune dame habitant en Hongrie,
Qui à l'honneur de grande seigneurie,
Porte toufiours vn tel accouftrement,
Qu'il eft icy depaint fort proprement.

La Mosquovide.

La Mosquovide ainſi comme i'ay leu,
Se veſt ainſi, & d'vne bonne grace,
Ayant en teſte vn gros chapeau velu,
Portant patins qui ſont ferréz à glace.

Le Mosquovide.

Le Mosquovide auec sa grand'mante,
Dessus la mer gelee fait la guerre,
Et le desir qui plus fort le tourmente,
C'est d'aquerir des biens dessus la terre.

La femme de bayóne

La Bayonnoyſe, & ſon accouſtrement
On peut icy contempler en figure,
De ceſt habit ne change aucunement,
Et ſimple elle eſt de ſa propre nature.

La femme allant a la messe

La femme ainsich Bayonne à vesture,
Oyant La messe en grand denotion,
Puis s'en reuient auec ceste parure,
_____ bien pen _____

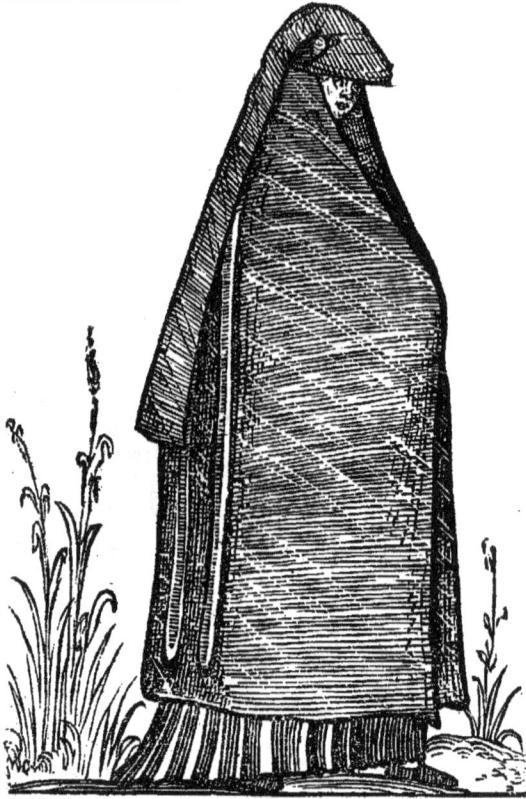

Le dueil de bayonne.

Quant il auient que Bayonnoise pout,
L'habit & dueil pour maey,ou parent,
Elle est tousiours vestue en ceste sorte,
Comme voytz au pourtrait apparent.

La fēme allāt à la meſſe

La femme ainſi en Bayonne à veſture
Oyant la meſſe en grand deuotion,
Puis ſ'en reuient auec ceſte parure,
Toute endormye de contemplation.

Le dueil de Bayonne.

Quant il aduient que Bayonnoiſe porte
L'habit de dueil, pour mary ou parent,
Elle eſt touſiours veſtue en ceſte ſorte,
Comme voyez au pourtrait apparent.

La ruſtique d'eſpaigne

Eſpaigne eſt fort plantureuſe & fertille,
Car mainte choſe y croiſt heureuſemét,
Femme ruſtique en ce lieu proprement
Cőme il appert en çe pourtrait s'habille.

Le Bisquin.

Voy du Bisquin le simple habillement
Plus content est auecques sa souffrance,
Qu'aucun vestu de riche accoustrement
Que l'on peut voir par le pays de France.

La bisquine.

Ceste vesture est bien peu entendue,
La Bisquine est depainte en cest endroit,
Par sa coustume elle est ainsi tondue,
En demonstrant qu'elle ne craint pas le froid.

La femme de pampelune.

Voicy La femme estant en Pampelune,
Coiffee ainsi, & vestue tousiours,
Sans point changer l'habit, comme La Lune,
Ainsi que font Les françois tous Les iours.

La Bisquine.

Ceste vesture est bien peu entendue,
La Bisquine est depainte en cest endroit,
Par sa coustume elle est ainsi tondue,
En demostrat qu'el' ne crains pas le froid.

La fẽme de pãpelune.

Voicy la femme eſtant en Pampelune,
Coiffée ainſi,& veſtue toũſiours,
Sans point changer l'habit,cõme la lune,
Ainſi que font les françoys tous les iours.

La tõdue d'espaigne.

Dedãs l'Espaigne on voit de telle femme,
Qui tondue sont faisant tel passetemps,
Vray est que c'est vne chose profane:
Car plusieurs gens à le voir passent temps.

L'eſpaignolle.

Qui bien voudra cognoiſtre ſeurement
Cõme en Eſpaigne eſt la femme habillee,
Il doit penſer qu'icy certainement
D'vne Eſpaignolle eſt l'ymage taillee.

L'espaignol.

Qui veut sçauoir & l'habit & le geste
De l'Espaignol, faut estre tout certain
Que ce pourtrait au vif le manifeste,
Sans l'aller voir en pays plus lointain.

La féme de rõceualle.

Si la coiffure vous semble salle,
Que voyez en ce pourtraict cy,
Sachez que femme à Ronceualle
Sont coiffee & vestue ainsi.

La femme de compostell.

femme qui est au Lieu de Compostelle
Ne va iamais sans porter son chapeau,
Et son habit est d'vne façon telle,
Ie ne sçay pas s'il vous semblera beau.

La femme de tollete.

Si ton regard sur ce pourtrait s'arreste,
Estrange il est:mais ne t'en esbahis,
La femme ainsi est vestue en Tollete,
pource que c'est La façon du pays.

La féme de cópostel-

Féme qui est du lieu de Cópostelle,　　(le
Ne va iamais sans porter son chapeau,
Et son habit est d'vne façon telle,
Ie ne sçay pas s'il vous semblera beau,

La fẽme de Tollette.

Si ton regard sur ce pourtrait s'arreste,
Estrange il est, mais ne t'en esbahis,
La femme ainsi est vestue en Tollete,
Pource que c'est la façon du pays.

L'efpaignole ruftique

Si vous auez frequenté le village
Parmy l'Efpaigne, en efcoutant le fon
Du Rofsignol, femme de labourage,
D'habit & gefte, a femblable façon.

La ruſtiq́ de portugal.

En Portugal parmy les lieux champeſtres
Y trouuerez de ſemblable ruſtique,
Les vne aux cháps mene leur beſte paiſtre,
Et au labeur les aútres ſy applicque.

La rusticque de hongrie.

Chacune femme estant par le village
Des hongriens ou elles font scionn,
porte tousiours c'est habit pour vsage
Ja est long temps iusque au present iour:

Le portugais.

Le portugais auecques sa grand cape,
Ne craint de mer Le soudain accident,
Par traffiquer grand richesse il attrape,
Aussi est il fort sobre et diligent.

La rustique de hógrie.

Chacune femme estant par le village
Des Hongriens ou elles font seiour,
Porte toufiours c'est habit pour vsage
Ia des long temps iufques au present iour.

Le Portugais.

Le Portugais auecques sa grand chape,
Ne crains de mer le soudain accident,
Par traffiquer grand richesse il attrape,
Aussi est-il fort sobre, & diligent.

La portugaise.

La portugaise est vestue en la sorte,
Que la pouue cognoistre à ce pourtrait,
fort grand amour à l'argent elle porte:
Car auarice à ce desir l'attrait.

Le delubic.

Le Delubic naturel à la prope,
Se vest, et chausse en ceste mode cy,
Ce n'est point luy qui trestey la soye,
D'habit mondain ia n'est en grand soucy.

La Portugaiſe.

La Portugaiſe eſt veſtue en la ſorte
Que la pouuez cognoiſtre à ce pourtrait,
Fort grand' amour à l'argent elle porte,
Car auarice a ce deſir l'attrait.

Le delubic.

Le Delubic naturel à la proye,
Se veſt & chauſſe en ceſte mode cy,
Ce n'eſt point luy qui enchery la ſoye,
D'habit mondain ia n'eſt en grand ſoucy.

La delubicque.

La Delubicque n'est pas trop amoureuse,
De beaux habitz comme bien on peut voir,
Par ce pourtrait : mais plustost curieuse,
De dineé auoir dont elle fait deuoir.

La barbare.

Quand la Barbare en son habit plus beau,
Veut demonstrer sa grand magnificence,
fourree ainsi elle est de riches peaux,
Que ce pourtrait le met en apparence.

La delubicque.

La Delubicque n'eſt pas trop amoureuſe
De beaux habits, cóme bien on peut voir
Par ce pourtraict : mais pluſtoſt curieuſe
De viure auoir, dont elle fait deuoir.

La barbare.

Quand la Barbare en ses habitz plus beaux
Veut demonstrer sa grand magnificence,
Fourree ainsi elle est de riches peaux,
Que ce pourtrait le met en apparence.

Le Barbare.

Les Barbares ont le veſtement ſemblable
Comme tu vois, cela eſt tout notoire,
Quoy que te ſoit ceſt habit admirable,
La verité te contraint de le croire.

La morefque.

Au more noir la morefque refemble,
Son hahit eft leger pour la chaleur,
L'hóme & la féme accordét bié enfemble,
Tous deux camus & de noire couleur.

Le More.

Le More se vest ainsi legerement,
Pour la chaleur du pays qu'il endure,
Le nez camus il ha semblablement;
Son poil frison, sa leure espaisse & dure.

La Femme ſauuage.

Femme ſauuage à l'œil humain, nõ fainte,
Ainſi qu'elle eſt ſur le naturel lieu,
Au naturel vous eſt icy depainte,
Comme voyez qu'il appert à voſtre œil.

L'homme sauuage.

Combien que Dieu le Createur seul sage
A fait vser les hommes de raison,
Icy voyez vn vray homme sauuage,
Son corps velu est en toute saison.

L'indien.

De l'Indien, & son habit estrange,
Par ce pourtrait la verité peux voir,
Si ne le crois, ie dis pour ma reuange,
Va iusqu'au lieu, & tu le pourras voir.

L'indienne.

Amy lecteur, il te conuient entendre,
Que l'Indienne est vestue proprement,
De cest habit que peux icy comprendre,
Pource qu'il est pourtrait naïfuement.

Le Perſien.

De Perſe ſont les peuples anciens,
D'eux mainte hyſtoire on voit par eſcripture,
Le propre habit eſt tel des Perſiens,
Que le voyez en ceſte pourtraiture.

La Persienne.

Si vous voulez le geste apperceuoir
De Persienne, & sa robe vsitee,
Vous ne pourriez plus clairement la voir
Qu'elle est icy, pourtraite & limitee.

L'egyptien.

Pour bien cognoiſtre vn vray Egyptien
Auec les longs cheueux qu'il porte,
En retenant ſon habit ancien,
Il eſt au vif pourtrait en ceſte ſorte.

L'egyptienne.

Il est certain qu'ainsi l'Egyptienne
Iusqu'au iourd'huy, porte son vestement,
Telle à esté sa coustume ancienne,
Comme vostre œil le voit presentement.

L'hermite d'Egypte.

Ainsi se vest l'Ægyptien hermite,
Qui du commun icy se rend estranger,
Mangeant racine, faisant la chatemite,
S'il trouuoit mieux, il en voudroit mager.

Le Prestre d'Egypte.

Ce long chapeau, la longue barbe auſsi,
L'Ægyptien preſtre nous repreſente,
Qui du vray Dieu n'à pas tant de ſoucy.
Que de ces dons qu'au téple on luy preſéte.

Le ſauuage en pópe.

Quãd le ſauuage eſt en brauade ou pompe,
Il eſt ainſi habillé proprement,
Si tu as peur que ce pourtrait te trompe,
Va ſur les lieux pour voir ſon veſtement.

Le Tartare.

Si ce pourtrait à ceux semble barbare
Qui ne l'ont veu qu'ainſi qu'il eſt depaint,
Il eſt tout ſeur que tel eſt le Tartare,
Et ceſt habit eſt vray, & non pas faint.

La Breſilienne.

Les femmes là, ſont veſtues ainſi
Que ce pourtrait le montre & repreſente,
Là des Guenons, & Perroquetz auſsi,
Aux eſtrangers elles mettent en vente.

Le Brefilien.

L'homme du lieu auquel le Brefil croift.
Eft tel qu'icy, à l'œil il apparoift,
Leur naturel exercice s'applique
Coupper Brefil, pour en faire trafique,

La Nictorienne.

Si quelque fois voſtre regard ſe range,
Sur ce pourtrait, qui peut ſembler eſtráge,
Croyez que c'eſt vn habit ancien,
Que porte femme à ce Nictorien.

Le Nictorien.

Qui voudra voir comme vn Nictorien,
Se coiffe & vest en voicy la figure,
Et de changer il se garde fort bien,
Tant que viuant en ce monde il dure.

La fille turquoise.

Les Turcs sõt loin, poĩt ne faut qu'on y voise,
Pour mieux sçauoir de leur habit la sorte,
Mais pour cognoistre vne fille Turquoise,
Icy pourtrait est l'habit qu'elle porte.

La fille d'affrique.

Par ce pourtrait qui est assez antique,
Vous pouez voir vne fille d'Affrique,
Qui pour parure a son petit manteau,
Estant fourré d'vne exquise peau.

Le grec.

Le Grec il a vn vestement semblable,
A ce pourtrait cela est tout notoire,
Quoy que te semble c'est habit admirable,
La verité te contriant & Le croire.

La fille d'affrique.

Par ce pourtrait qui est assez antique,
Vous pouuez voir vne fille d'Affrique,
Qui pour parure a son petit manteau,
'Estant fourré d'vne exquise peau.

Le Grec.

Le Grec il a vn veſtement ſemblable
A ce pourtraict, cela eſt tout notoire,
Quoy que te ſemble c'eſt habit admirable,
La verité te contrainct de le croire.

La Grecque.

La Grecque auſsi a ſon accouſtrement
Et ſon maintiét d'vne aſſez bône grace,
Et ſa coiffure entretient ioliement:
Mais taxee eſt de trop polir ſa face.

Le Ianiſſaire.

Tu vois le vray pourtrait des Ianiſſaires,
Qui du grãd Turc ont leur nourriſſemẽt,
Pour le ſeruir des choſes neceſſaires,
Qui'l cognoiſt prompt leur entendement.

La Ianissaire.

La Ianissaire a sa vesture ainsi,
Que ce pourtrait le monstre & le figure,
Le haut bonnet elle porte, & aussi
Vestue elle est d'vne longue vesture.

Le grec seruāt le turc.

Du fier Gregeois voicy la pourtraiture,
l'entend de ceux qui en lart militaire,
Seruent le Turc, enclinant leur nature
A guerroyer tãt par mer que par terre.

Le laquais turc.

Ce laquais Turc est icy sans mentir,
Au vif depaint cóme vn chacun peut voir,
C'est le moyen qu'il a de soy vestir,
Pour mieux courir, dót il fait própt deuoir.

La dame de turquie.

Les dames sont en la Turquie ainsi,
Comme voyez vestue ceste cy,
Tout leur maintiét, leur habit, leur visage,
Est exprimé par la presente image.

Le Turc.

Sans en doubter, & sans vous deceuoir,
Deuez penser que d'vn Turc la vesture,
Ressemble au vif à celle qu'on peut voir,
En la presente image & pourtraiture.

L'arabien.

En Arabie eſt d'encens abondance,
Arabiens iadis riches eſtoyent,
Et ce pourtraict vous met en euidence,
Le ppre habit qu'ils portér, & qu'ils portoiẽt

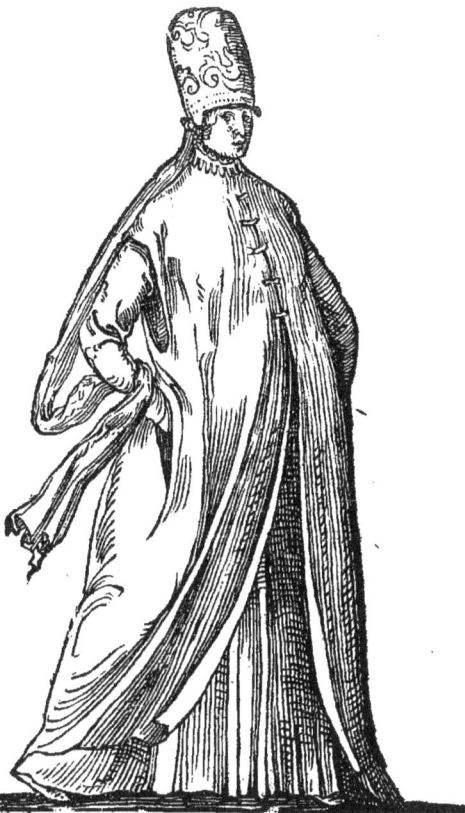

L'arabienne.

Si veux de femme auoir la cognoissance,
Qui d'Arabie a pris natiuité,
Ceste figure te mett en euidence,
L'habit qui est par les femmes porté.

La femme d'asie.

Regardez bien comment les Asiennes,
Sont habillées et coiffées en bonne ordre,
Je suis certain que les Venicienes,
N'y pourroyent pas sur ce trouuer à mordre.

L'arabienne.

Si veux de femme auoir la cognoissance,
Qui d'Arabie a pris natiuité,
Ceste figure te met en euidence,
L'habit qui est par les femmes porté.

La femme d'asie.

Regardez bien comme les Asiennes
Sont habillees & coiffees en bonne ordre,
Ie suis certain que les Veniciennes,
N'y pourroyét pas sur ce trouuer à mordre.

La vefue d'affrique.

Quand l'Affriquaine a perdu son mary,
Estant par mort serré dans le cercueil,
Tel vestement elle porte par dueil,
En demonstrant qu'elle a le cueur marry.

www.ingramcontent.com/pod-product-compliance
Lightning Source LLC
Chambersburg PA
CBHW072248270326
41930CB00010B/2308